AF242814

NOTICE

SUR

LE DOCTEUR LEREBOULLET

DOYEN DE LA FACULTÉ DES SCIENCES
ANCIEN PRÉSIDENT DE LA SOCIÉTÉ DE MÉDECINE

lue à la séance annuelle de la Société de médecine de Strasbourg

le 5 juillet 1866

PAR

LE DOCTEUR HERRGOTT

PRÉSIDENT DE LA SOCIÉTÉ
PROFESSEUR AGRÉGÉ A LA FACULTÉ DE MÉDECINE
MÉDECIN EN CHEF DE L'HÔPITAL CIVIL.

STRASBOURG

TYPOGRAPHIE DE G. SILBERMANN.

1866.

NOTICE

SUR

LE DOCTEUR LEREBOULLET.

Dans toutes les Sociétés savantes l'usage consacre chaque année un jour aux intérêts les plus élevés de la science et à l'honneur de ceux qui la cultivent. Les travaux habituels sont suspendus; l'arène des combats scientifiques est close pour un instant; une trêve est accordée aux combattants, et pendant que ceux-ci se reposent de leur lutte et de leurs travaux, un regard est jeté en arrière pour mesurer le terrain conquis à la science et pour saluer ceux qui ont succombé dans la lutte. Si ce regard est aujourd'hui douloureux pour notre cœur, il est aussi consolant pour la profession, puisqu'il se porte sur un confrère qui l'ennoblissait par son dévouement, et un savant que ses nombreux et importants travaux ont placé au premier rang des naturalistes français.

N'attendez pas de moi, Messieurs, que je vous retrace exactement sa double carrière; ma compétence ne saurait s'étendre à l'analyse et encore moins à l'appréciation exacte de ses nombreux travaux d'histoire naturelle; tout ce que je puis ambitionner en ce moment, c'est de vous caractériser la nature de ces travaux honorés presque tous par des récompenses de l'Académie des sciences et par le jugement qu'en ont porté les savants de l'Europe entière.

Dominique-Auguste Lereboullet naquit le 19 septembre 1804 à Épinal, où son père était employé dans l'administration des contributions indirectes; il fit ses études classiques au collége de Colmar, et après avoir obtenu les diplômes de bachelier ès lettres et ès sciences, il passa une année à l'université de Fribourg, suivant une ancienne coutume longtemps conservée dans la Haute-Alsace. Heureuse fut pour lui cette coutume, car elle l'initiait à la connaissance de la langue allemande, lui ouvrit par conséquent tous les livres de ce pays si riche en travaux scientifiques, et lui permit de rendre plus tard au public médical français le service immense de lui faire connaître par de consciencieuses et substantielles analyses les travaux de nos confrères de l'Allemagne.

Il vint à Strasbourg, en 1827, pour y faire la médecine.

Le prix d'anatomie et de physiologie en 1828, le 2e prix de chirurgie en 1829, le prix de médecine en 1830 et le 2e prix de chirurgie et d'accouchements la même année, sont les preuves éclatantes de son assiduité et de son travail pendant sa laborieuse scolarité.

En 1829, un concours est ouvert à la Faculté pour la place de prosecteur. Il se présente avec un concurrent d'une redoutable supériorité : ce fut M. Stoltz, qui fut nommé. La Faculté eut heureusement, peu de temps après, l'occasion de reconnaître le mérite du concurrent malheureux par la nomination aux fonctions d'aide-bibliothécaire, qu'il conserva jusqu'en 1832.

A cette époque éclate à Paris un fléau presque inconnu jusqu'alors; né aux bords du Gange, le choléra décimait les pays qu'il traversait, et inspirait en Europe une terreur qui augmentait à mesure qu'il hâtait son approche.

Le sentiment public qui régnait alors, les égarements qu'inspira la crainte au peuple surexcité au sortir d'une révolution, peuvent à peine se décrire aujourd'hui qu'on a vu le fléau en face et qu'on a pu étudier de près la manière dont il tue les victimes qu'il étreint de sa main bleuâtre.

S'inspirant des sentiments les plus généreux, heureusement toujours vivants dans le cœur des médecins et de la jeunesse des écoles, on l'a vu naguère, Lereboullet, sans être reçu docteur, sollicite le périlleux honneur d'être envoyé dans le foyer de l'épidémie pour y étudier cette étrange maladie, afin de fournir à l'Intendance sanitaire du Bas-Rhin des renseignements positifs sur les mesures qu'elle aurait à prendre dans le cas où Strasbourg serait visité à son tour.

Lereboullet passe deux mois au milieu des hôpitaux, interrogeant les fonctions dans les salles, les organes à l'amphithéâtre, recueillant de nombreux matériaux pour un travail destiné à devenir sa thèse inaugurale.

A son retour de Paris, il traverse Bar-le-Duc, apprend que le fléau vient d'éclater dans la ville ; il quitte aussitôt la diligence, et met à la disposition des médecins de la ville et de l'autorité locale son expérience et son dévouement pour les aider dans ces cruelles circonstances.

Il reste un mois dans cette ville, et ne la quitte que quand tout danger eut disparu. Il refuse en partant la rémunération pécuniaire qu'on voulait lui offrir en reconnaissance de son infatigable dévouement. Ce désintéressement était d'autant plus méritoire que les ressources du jeune étudiant étaient des plus modestes. Le préfet de la Meuse adressa à cette occasion à son collègue du Bas-Rhin une lettre dans laquelle le dévouement et l'abnégation de Lereboullet sont exposés avec les sentiments de la plus vive reconnaissance.

A son retour à Strasbourg, Lereboullet met en ordre ses nombreux matériaux et publie, sous le titre de : *Choléra-morbus observé à Paris et dans le département de la Meuse pendant l'année 1832*, sa thèse qui fut soutenue le 29 août 1832.

Dans ce travail, Lereboullet soutient hardiment et contrairement à l'opinion régnante alors, que le choléra est contagieux.

La même année, la Société médicale de Bruxelles, désirant s'éclairer sur la nature du choléra et son traitement, mit au concours cette question, et en 1833 le mémoire de Lereboullet fut couronné.

L'enseignement officiel s'est pendant fort longtemps tenu sur la contagiosité du choléra dans la plus grande réserve. A Paris, Lereboullet entendit dire à un professeur de la Faculté dans son cours, que la contagiosité du choléra est une absurdité. L'administration a vu un danger considérable à ce que la croyance à la contagiosité du choléra fût admise et répandue; de nos jours elle sort de cette réserve, éclairée par les graves enseignements que les circonstances ont accumulés; elle comprend que rien n'est plus grave et plus dangereux que de laisser ignorer à tout le monde ce que l'on a tant d'intérêt à savoir. Les conséquences d'une erreur en pareille matière sont incalculables, bien plus meurtrières que celles qui résulteraient de la crainte qu'inspire le caractère de cette affection. Lereboullet avait basé son opinion sur des faits trop nombreux et trop positifs pour se laisser ébranler, et chaque fois que l'occasion s'en présentait, il la disait avec courage, pensant remplir un devoir de conscience en déclarant ce qui lui semblait être une vérité.

Les succès dans les études, l'éclat même d'un début comme celui de Lereboullet, ne suffisent pas pour recommander un jeune médecin à la confiance du public; celui-ci s'impressionne et s'anime souvent par bien d'autres incitations, c'est ce que comprit parfaitement Lereboullet. Ne pouvant passer d'une vie active à cette attente d'occupations qui se prolonge souvent très-longtemps, même pour les hommes d'élite, et ne se résignant pas à accepter ces loisirs forcés, il chercha d'autres aliments au désir de connaître dont il était animé.

A cette époque Duvernoy enseignait l'histoire naturelle à la Faculté des sciences de Strasbourg. Ce naturaliste éminent, collaborateur, ami, et je crois aussi parent de Cuvier, engagea Lereboullet à s'associer à ses travaux, et lui proposa la place de préparateur de zoologie, alors vacante.

Lereboullet accepte avec empressement l'offre du savant naturaliste, aussi séduisant par son affabilité, le charme de sa bonté que par l'étendue de ses connaissances. Placé dans des conditions d'étude excellentes, associé aux travaux de son maître, Lereboullet en profite pour gagner le grade difficile de licencié ès sciences; et en 1838 il présente à la Faculté des sciences ses deux thèses obligatoires pour le doctorat; la première, intitulée : *Anatomie comparée de l'appareil respiratoire dans les animaux vertébrés;* la seconde : *Propositions de physiologie végétale.*

Le premier travail, fruit de longues recherches, de patientes observations et de sagaces comparaisons, est une œuvre sérieuse qui causa à son auteur la première véritable satisfaction scientifique.

Jean Müller, de Berlin, qui a fait entrer la physiologie dans la voie nouvelle qu'elle parcourt depuis, et qui s'éclaire de l'observation rigoureuse et de la comparaison des organes humains avec ceux des animaux, afin de mieux en pénétrer les fonctions, Jean Müller, dont le nom était alors déjà européen, vint à Strasbourg; il voulut voir et complimenter le jeune auteur de l'*Anatomie comparée de l'appareil respiratoire :* vous devinez quelles émotions durent produire ces félicitations et quelle valeur elles eurent pour celui à qui elles étaient adressées ! Lereboullet ne parlait jamais sans émotion de cette visite si inattendue pour sa modestie.

La culture des sciences naturelles, à laquelle Lereboullet s'était adonné avec ardeur, ne lui avait pas fait perdre de vue la médecine. Son ambition constante a été d'appartenir à la Faculté de médecine, dans laquelle il trouvait des maîtres dont la bienveillance affectueuse avait été si douce pour lui; aussi le trouvons-nous, dès la fin de 1834, engagé dans un concours pour l'agrégation dans la section de médecine. Cette fois, deux redoutables adversaires disputaient avec Lereboullet les deux places mises au concours. A la fin des épreuves, le président se rendit l'organe des sentiments du jury et aussi de toute l'assistance, en déclarant qu'il était désolé de n'avoir pas trois places à donner à des concurrents si dignes de les occuper. Lereboullet, en effet, eût été digne de s'asseoir à côté de ses amis Schützenberger et Tourdes, qui furent nommés.

Nullement découragé par cet échec si honorable pour lui, Lereboullet s'empresse de prendre part comme collaborateur aux *Archives médicales de Strasbourg,* qu'une Société de médecins de Strasbourg fonda en 1835.

Nous trouvons dans le 3ᵉ volume de ce recueil, p. 65, un Mémoire sur la variole qui régna à Strasbourg en 1833, et dans le 4ᵉ volume, p. 161, un Mémoire sur la phlébite générale, dans lequel il montre l'influence incontestable de l'altération des liquides dans la production de cette maladie. De nos jours, pareille assertion semble naturelle : ne sait-on pas en effet quelle est la pernicieuse influence de l'encombrement sur le développement de cette redoutable complication des affections chirurgicales, dont le nom même a subi l'influence du changement dans les idées médicales? Cette protestation au nom de faits bien observés contre une doctrine qui avait alors pour elle la faveur publique, qui était comme le dernier reflet des doctrines de Broussais, et que Lereboullet ne croyait pas fondée sur la généralité des faits, cette protestation est un fait méritoire qui montre dès lors la tendance positive de cet esprit investigateur. Malgré tous ces succès, ces diplômes et ces concours, la situation de Lereboullet restait fort précaire; la place de préparateur de zoologie et de conservateur des collections et quelques leçons constituaient ensemble un mince revenu; la clientèle le recherchait peu; son savoir était profond, sa sagacité pénétrante, sa bonté, son dévouement sans bornes. Et pourquoi ce délaissement? Vous le savez aussi bien que moi, chers confrères, vous qui vivez au milieu de cette course qu'on appelle la pratique. Heureusement que les circonstances défavorables au médecin débutant vinrent en aide au jeune et savant naturaliste.

Dans le courant de 1837, M. de Salvandy, ce ministre si éclairé, si juste et si bienveillant, dont l'Université gardera un éternel souvenir, confia à Duvernoy la chaire d'histoire naturelle des corps organisés, au Collége de France, chaire que Cuvier avait occupée avec tant d'éclat.

A la suite de cette mutation, la chaire d'histoire naturelle de Duvernoy fut scindée en deux : on confia à M. Daubrée, jeune ingénieur des mines, la chaire de géologie et de botanique, et à M. Lereboullet la chaire de zoologie et de physiologie animale.

Chaque professeur a le droit d'interpréter comme il le juge à propos le programme de l'enseignement qui lui est confié, et de le disposer de la manière qu'il croit la plus avantageuse à l'intérêt de l'enseignement et aux progrès de la science ; Lereboullet, très au courant du mouvement de la science en Allemagne, y voyait, sinon naître, du moins se développer de plus en plus l'*histologie*. Cette partie autrefois restreinte de l'anatomie générale grandissait dans les mains de Henle, Vogel, Bischoff, Förster, Wagner et autres. Lereboullet en comprit de suite l'importance et la portée, mais il ne se laissa pas enivrer ni éblouir par les découvertes journalières, comme l'a été i'inventeur Leuwenhœck, qui croyait avoir découvert les arcanes de la science, ni entraîner par les théories, si séduisantes qu'elles fussent par leur simplicité et le puissant patronage sous l'autorité duquel elles se produisaient; on l'a vu dans son Mémoire sur la formation du sang. Avant d'admettre un fait, il le soumettait à l'épreuve du contrôle expérimental, et il ne s'inclinait devant une théorie que quand un nombre assez considérable de faits lui permettait de penser qu'une loi pouvait légitimement en être déduite; si partisan qu'il fût des études microscopiques, il ne prétendit jamais restreindre l'étude de la biologie à la contemplation des phénomènes qui se passent sur le porte-objet du microscope. Lereboullet non-seulement se mit à l'étude avec ardeur, mais il choisit, pour rendre cette étude fertile, la voie la plus sûre, celle de l'enseignement, car quand on est forcé d'exposer, on est forcé de savoir ; ce n'est pas au delà de quelques instants que des artifices de langage parviennent à cacher au public la pauvreté du fonds.

Dès 1839, l'histologie humaine et comparée forma la partie essentielle et fondamentale du cours de physiologie animale professé par lui à la Faculté des sciences. Lorsqu'en 1862 on créa la chaire d'histologie à la Faculté de médecine de Paris, on félicita l'École de cette heureuse innovation si bien en rapport avec la marche et les exigences de la science ; on ignorait complétement, ou plutôt on semblait avoir oublié que l'histologie était enseignée à Strasbourg officiellement depuis vingt-deux ans à la Faculté des sciences, et que MM. Küss et Morel l'enseignaient aussi journellement depuis longtemps à la Faculté de médecine ; que leurs travaux micrographiques, universellement connus, étaient très-appréciés à l'étranger. Pendant que de Paris les mille voix de la presse retentissaient dans les cinq parties du monde pour annoncer cet heureux événement, on continuait à suivre à Strasbourg silencieusement, je dirai presque modestement (ce mot étant pris, bien entendu, dans sa meilleure acception), à la Faculté des sciences aussi bien qu'à la Faculté de médecine, la laborieuse tradition de l'ancienne Université.

Devant l'histoire de l'art, Lereboullet a l'incontestable mérite d'avoir inauguré le premier cet enseignement en France ; s'il n'en a pas obtenu pour lui le retentissement immédiat de la renommée, il en a retiré le précieux avantage d'une avance considérable dans cette science et la possibilité d'aborder avec le plus grand succès, pour lui et pour l'honneur de notre université, la solution de grands problèmes de biologie.

Ces études spéciales et nouvelles n'empêchèrent pas Lereboullet d'aborder et de traiter, quand il le jugeait nécessaire, les questions générales de la science. On sait que vers 1840 quelques naturalistes, conduits par les idées philosophiques panthéistes d'origine allemande, cherchaient à démontrer la variabilité des espèces et leurs transformations incessantes sous l'influence de certaines conditions. On était conduit ainsi insensiblement à ne plus admettre de différences essentielles entre l'homme de certaines contrées et les quadrumanes anthropomorphes. Lereboullet entrevit l'erreur et le danger de pareilles doctrines, et en 1842 il publia un travail intitulé : *Esquisses zoologiques sur l'homme*[1], et la même année il lut devant le Congrès scientifique assemblé à Strasbourg un Mémoire : *Sur l'unité de l'espèce humaine*[2], dans lequel, disciple de Cuvier et de Duvernoy, définissant l'espèce « une réunion « d'individus des deux sexes, susceptibles de se propager in- « définiment avec tous leurs caractères organiques et fonction- « nels, » la variété « un ensemble de modifications imprimées « aux individus dans les limites de l'espèce, » il arrive à en déduire zoologiquement l'unité de l'espèce humaine; répudiant ainsi la honteuse et abjecte promiscuité que ces rêveurs avaient voulu nous imposer. Le combat n'est pas fini; loin de là, le Darwinisme l'ouvre de nos jours par les infiniment petits; ce qu'il y a de remarquable dans tout ceci, c'est la rigueur des adeptes des nouvelles idées pour les preuves données par l'école de Cuvier et l'indulgence qu'ils se sentent pour leurs pures hypothèses. En défendant avec tant d'ardeur la dignité humaine, Lereboullet obéissait non-seulement aux lois de sa raison, mais aussi à ses instincts religieux. Ce devoir de conscience rempli, il reprit la suite de ses travaux.

Trouvant en 1844 dans l'article *Sécrétion*, qui venait de paraître dans le t. XXVIII du *Dictionnaire* en 30 vol., des idées

---

[1] *Nouv. mém. de la Société des sciences, agriculture et arts du Bas-Rhin*, t. III, 2ᵉ part.

[2] *Congrès scientifique de France*, Xᵉ session, t. II, p. 1. Strasbourg 1843.

complétetement erronées et arriérées, il trace en quelques pages le mécanisme des sécrétions, où l'élément épithélial, nullement soupçonné alors à Paris, est mis en relief. Ce travail a été inséré dans la *Gazette médicale de Strasbourg* (20 mars 1846).

En 1845 l'Académie des sciences avait mis au concours « la « détermination et la description des organes de la reproduc- « tion des deux sexes dans les cinq classes de vertébrés. » Lereboullet se met à l'œuvre, et pendant qu'il y travaillait avec ardeur, se produisit à la Faculté de médecine de Strasbourg la vacance de la chaire de physiologie par suite du départ pour Montpellier de M. le professeur Boyer. L'ambition d'appartenir à la Faculté de Strasbourg était toujours vivante chez Lereboullet; préparé à l'enseignement de la physiologie par ses travaux spéciaux, mais plus apte, il faut le dire, à l'étude qu'à un tournoi scientifique, le professeur de zoologie descend dans l'arène; hélas! une troisième fois il allait rencontrer un bien redoutable adversaire : ce fut M. le professeur Küss qui sortit victorieux. Après cette troisième épreuve, il re-nonça, non sans un profond regret, à faire partie de la Faculté de médecine.

Pour se reposer de la lutte, pendant laquelle il eut à traiter comme sujet de thèse : *Des mouvements des liquides dans l'organisme*, il acheva son travail interrompu, et le 27 avril l'Académie lui accorda l'accessit avec une somme de 700 fr. et une médaille en or.

L'Académie des sciences n'ajouta pas à ces avantages l'hospitalité dans ses publications officielles; ce fut l'Académie Léopoldine des Curieux de la nature qui s'empressa de la lui offrir; ce mémoire se trouve dans le t. XVIII, p. 1, des *Nova acta Academiæ naturæ curiosorum.*

En 1850, l'Académie de médecine avait proposé pour le prix de Portal le sujet suivant : « Faire connaître, en s'appuyant « sur des observations microscopiques suffisantes, l'anatomie

« normale du foie et la nature de l'altération pathologique
« connue sous le nom de *foie gras*. »

Le sujet était fort difficile, plus peut-être que ne le soup-
çonnèrent les juges eux-mêmes. La structure normale de cette
glande à fonctions multiples, malgré des travaux nombreux,
n'est pas encore aujourd'hui claire pour tout le monde; quant
à son altération spéciale, Lereboullet la fit connaître exactement; le 16 décembre 1851, l'Académie le reconnut en lui
accordant le prix et en insérant le travail dans le t. XVII de
ses Mémoires.

Une circonstance en apparence insignifiante fut l'occasion
de travaux nouveaux fort importants.

Vous savez que deux pêcheurs des Vosges, Rémy et Géhin,
observant avec beaucoup d'attention et de sagacité les truites
au moment du frai, sont arrivés à faire les fécondations artificielles de ces poissons et à créer la pisciculture. Ces ingénieux
pêcheurs ont fait pour les œufs de poissons ce que Spallanzani
avait fait dans le siècle dernier pour les œufs de grenouilles,
celui-ci ayant pour but l'étude, ceux-là la multiplication de
poissons très-recherchés.

Pendant que l'on s'occupait à généraliser cette opération et
qu'on cherchait à retirer de cette découverte le précieux avantage de repeupler nos rivières épuisées par les pêches et l'in-
dustrie, et que, escomptant l'avenir, on faisait miroiter des
pêches miraculeuses, Lereboullet, silencieusement recueilli
dans son laboratoire, appliquait les fécondations artificielles
à l'étude de l'embryologie; il fécondait des œufs de poissons
d'articulés et de mollusques, afin d'étudier sur des milliers
d'œufs les mystérieuses transformations de l'ovule pour arri-
ver à la constitution complète de l'animal; ces conditions ex-
ceptionnelles très-favorables à l'observation, mises à profit
par le naturaliste de Strasbourg, eurent pour résultat des découvertes fructueuses.

Les recherches dans l'embryologie, cette science contemporaine, sont difficiles, car il s'agit de surprendre la formation des organes dans leur première ébauche sur des corps très-petits qui ne peuvent être vus pour la plupart que sous la loupe et le microscope; elles sont pour ainsi dire impossibles si on ne dispose pas d'un nombre considérable de sujets d'étude similaires qui permettent de vérifier les découvertes et de rectifier les erreurs si faciles à commettre. Bien que les travaux de Wolff, de Pander, de Bær, ceux de Bischoff sur le lapin, de Coste, de Haurmann sur l'embryon humain, d'Erdl sur le poulet, de Remak et de Reichert sur les grenouilles, de Vogt sur le saumon, de Kölliker sur les céphalopodes, etc., eussent réuni un nombre considérable de matériaux, permettant d'établir des lois générales, il n'est pas moins vrai que les sujets d'étude étaient difficiles à trouver, exigeaient de nombreuses vivisections, des conditions d'expérimentation très-délicates et des dissections fort pénibles. L'Académie des sciences, connaissant les lacunes existant dans cette partie de la science, pensa les combler en proposant, dès 1847, pour le grand prix des sciences physiques, le sujet suivant : « Établir par l'étude du développement de l'embryon dans deux « espèces prises l'une dans l'embranchement des vertébrés et « l'autre dans l'embranchement des mollusques, soit dans celui « des articulés, des bases pour l'embryologie comparée. »

Personne ne répondant à l'appel en 1849, la question fut remise au concours pour 1853.

Heureuse fut l'idée de convertir les œufs de poisson en matière à expérimentation embryologique : cette idée appartient-elle en premier à Lereboullet, nous l'ignorons; toujours est-il qu'il a heureusement appliqué la découverte des pêcheurs vosgiens aux progrès de la science, car la multiplication et la conservation des sujets d'expérimentation sont aussi simples que faciles, et ceux-ci offrent l'avantage, en raison de leur transparence, de pouvoir être étudiés avec moins de difficulté. Grâce à ces conditions, les recherches purent être assez nombreuses, assez souvent répétées pour que Lereboullet crût pouvoir répondre à l'appel de l'Académie en lui envoyant un travail intitulé : *Recherches d'embryologie comparée sur le développement du brochet, de la perche et de l'écrevisse.*

« La Commission, dit le rapport, satisfaite de la manière dont
« le développement particulier de chacune de ces deux espèces
« a été traité dans ces monographies, n'aurait pas hésité à dé-
« cerner le prix à leur auteur si, aux termes du programme,
« il eût fait ressortir avec plus de détail ce qu'il peut y avoir
« de semblable et de dissemblable dans le développement com-
« paré des vertébrés et des invertébrés. »

L'Académie, sur le rapport de la Commission, accorda une récompense de 2000 fr. et vota l'impression du travail dans les *Mémoires des savants étrangers.* Cette décision porte la date de 1853; en même temps elle remit la même question au concours pour l'année 1856.

Lereboullet se remit à l'œuvre avec une nouvelle ardeur et envoya à l'Institut les *Recherches d'embryologie comparée sur le développement de la truite, du lézard et du limnée,* un mollusque univalve de nos étangs.

L'Institut, se trouvant cette fois suffisamment informé, lui accorda le grand prix des sciences physiques, qui lui fut décerné le 2 février 1857. L'auteur, pour répondre au désir de l'Académie, avait apporté un soin tout particulier à l'étude des ressemblances et des différences. Ce travail parut dans les *Annales des sciences naturelles* [1].

Vous n'attendez pas de moi que je fasse ici l'analyse de ces travaux, qui touchent à toutes les questions de l'embryologie et qui forment un volume in-4° et un volume in-8°, dont le résumé fait par l'auteur occupe 100 pages dans les t. I et II des *Annales des sciences naturelles* (Zoologie, 4e série); tout ce que je puis en dire ici, c'est qu'ils sont de véritables monu-

---

[1] T. XVI et XVII, 4e série, Zool.

ments scientifiques qui ont placé Lereboullet au premier rang des naturalistes de l'époque, et qu'ils recommandent son nom à la reconnaissance de la postérité. Nous ferons seulement deux observations : depuis longtemps on était frappé de la différence de volume entre les œufs des mammifères, qui sont presque microscopiques et qui sont destinés à produire des animaux de grande taille, et les œufs des oiseaux, qui sont grands et qui ne doivent généralement produire que des animaux fort petits. On expliquait cette différence par les conditions spéciales dans lesquelles ils se trouvent placés pendant le développement de l'embryon; les premiers sont en effet mis en contact avec des milieux auxquels ils peuvent emprunter par l'absorption des matériaux d'accroissement, tandis que les seconds ont avec eux dans la coquille les provisions nécessaires à leur développement; ils ne demandent que de l'air et de la chaleur, et, sous l'influence de ces agents, les merveilleuses transformations s'opèrent. Mais le vitellus est-il constitué de même dans les deux œufs, c'est ce que l'on se demandait. Reichert a répondu le premier à cette question, appelant le vitellus des oiseaux, dont une portion notable servait à l'entretien de l'embryon, *vitellus de nutrition* ou *méroplastique,* l'autre *vitellus de formation*, *holoplastique*. Lereboullet, poursuivant ces mêmes recherches, a répondu par ses observations sur une série d'animaux contrairement, dit Kölliker, à l'opinion de M. Coste. Dans les planches si admirablement dessinées qui accompagnent ses Mémoires, la formation du blastoderme sur une partie seulement du vitellus de nutrition et le mode suivant lequel il grandit et se développe, sont parfaitement démontrés; cette découverte, qui était en contradiction avec l'opinion d'un de ses juges, n'eut certes rien de bien favorable pour le justiciable; nous allons trouver encore un autre juge froissé par les découvertes de Lereboullet. Il existe une théorie née aux premières lueurs de l'embryologie, à une époque où l'imagination, nullement gênée par un certain nombre de faits, pouvait parcourir librement le champ des suppositions. Cette théorie, qui considère les animaux supérieurs dans le cours de leur évolution comme subissant des transformations qui représentent l'état achevé et permanent des animaux inférieurs, est formulée explicitement ainsi par M. Serres : « Les invertébrés ne sont que des embryons permanents des vertébrés[1]... « La série animale considérée ainsi dans ses organismes n'est « qu'une longue chaîne d'embryons jalonnés d'espace en es- « pace[2]... L'anatomie comparée est une embryogénie perma- « nente. »

Pour faire rentrer les faits dans cette théorie, on était obligé de livrer l'esprit à une véritable torture et de soumettre les premiers à une pression considérable; ainsi le manteau des mollusques devenait un véritable *chorion permanent*, et la coquille une *caduque persistante;* les mollusques formaient une classe d'animaux *passant la vie dans les enveloppes fœtales.*

Ces fausses appréciations, déjà combattues par Cuvier, Flourens, Duvernoy et Bær, reçurent par les descriptions si lumineuses de Lereboullet une nouvelle et éclatante réfutation; il fit voir de nouveau dans plusieurs espèces de quelle façon se forment ces organes embryologiques transitoires, nécessaires au développement de l'embryon et proportionnés au milieu et aux conditions dans lesquels il se développe, en attendant que puissent se former les organes définitifs, et il put répéter à la fin de son Mémoire *Sur le développement du brochet, de la perche et de l'écrevisse,* comme conclusion de son travail, ces lignes empruntées à Duvernoy, son maître : « Chaque type du règne animal a, dans son développement « dans l'œuf et dans ses métamorphoses successives, des ca- « ractères particuliers[3].

---

[1] *Organogénie*, p. 137.

[2] *Ibid.*, p. 91.

[3] Article *Ovologie* du Dictionnaire de M. d'Orbigny, p. 282. — Mémoire de M. Lereboullet, p. 342.

2

Serait-il téméraire de penser que ceux qui disposaient de la publicité du Mémoire qui condamnait leur doctrine devaient être peu empressés de la hâter, et que c'est à cette circonstance qu'il faut attribuer que la préface porte la date du 27 mars 1853 et le frontispice du volume le millésime de 1862? Dix années de silence imposées à un savant venant dire ce que la nature avait répondu à ses patientes interrogations, n'est-ce pas un déni de justice qui eût pu le priver du fruit de ses recherches? Pendant que le guerrier gagne sur le champ de bataille les grades qui assurent son avenir, que le négociant amasse sa fortune par d'habiles spéculations et une constante économie, le savant n'a qu'un désir : faire avancer la science à laquelle il a voué son existence; une seule ambition : celle d'attacher à une découverte son nom, dont le retentissement est sa seule récompense. Ne marchandons pas cette mention à l'ordre du jour du travail, et n'établissons jamais autour d'un nom, d'une découverte ce que notre regretté et bien cher maître Forget, dans ce langage énergique et imagé dont il avait le secret, appelait *la conspiration du silence*. Lereboullet souffrit beaucoup de la quarantaine si longue imposée à son travail dans le lazaret des cartons académiques; mais il ne se laissa pas décourager; sachant que le travail, loin d'être une peine, est au contraire le meilleur refuge contre la douleur et le chagrin, il se répétait ce mot de l'antiquité : *laboremus*.

En faisant ses observations embryologiques, Lereboullet avait remarqué la fréquence des monstruosités chez les brochets; il avait observé un assez grand nombre de faits pour en faire l'objet d'un Mémoire qu'il adressa à l'Institut en 1859. L'année suivante (30 janvier 1860) la savante Compagnie proposa comme sujet du prix Alhumbert d'étudier « les modifi-« cations qui peuvent être déterminées dans le développement « d'un animal vertébré par l'action des agents extérieurs. »

Le 27 décembre 1862, l'Académie lui accorda le prix, en

le partageant avec M. Dareste, professeur à la Faculté des sciences de Lille.

Le travail de M. Lereboullet, dit le savant rapporteur, « est « une nouvelle preuve de sa sagacité, de sa patience anato- « mique à suivre les différentes œuvres de la nature et de son « adresse physiologique pour agir sur le développement de « l'être par l'action variée des agents extérieurs : il a tenté plus « de quatre-vingts expériences diverses sur plus de 200,000 « œufs provenant de dix-huit fécondations. Toutes ces expé- « riences prouvent qu'il se produit des monstres de tout genre « parmi les œufs de brochet, que les œufs soient soumis ou « non à l'action des agents extérieurs divers. »

Ajoutons enfin, pour terminer la série des récompenses académiques, que le ministre de l'instruction publique lui remit la première médaille d'or lors de la première réunion des Sociétés savantes à la Sorbonne.

Les grands travaux que je viens de mentionner, si considé- rables qu'ils soient, n'ont pas absorbé l'entière activité de Lereboullet ; longue est la liste des mémoires d'histoire natu- relle adressés à l'Institut et insérés dans les journaux spéciaux. Mentionnons seulement en passant deux écrits qui montrent le désir dont était animé Lereboullet de faire descendre des hau- teurs scientifiques les notions d'histoire naturelle, afin de les rendre accessibles au public.

On n'a peut-être pas oublié qu'il y a une trentaine d'années on avait formé à Strasbourg une espèce d'encyclopédie popu- laire publiée sous le nom de *Maître Pierre*. Des hommes con- sidérables s'étaient associés à cette éducation du peuple et des adultes, qu'on a renouvelée de nos jours sur une plus vaste échelle. La tâche de rendre le langage de Maître Pierre, s'occupant d'histoire naturelle, intelligible pour d'humbles intelligences, a été acceptée par Lereboullet, comme celle de parler botanique l'avait été par M. Fée ; ces deux petits livres étaient écrits avec netteté, simplicité et clarté.

Plus tard, en 1860, Lereboullet publia la *Zoologie du jeune âge,* un charmant volume avec planches, qui est parfaitement adapté au but que l'auteur se proposait.

Il est temps de nous occuper d'une œuvre médicale permanente commencée en 1837 et terminée avec lui. Pendant près de trente ans, Lereboullet a été pour la *Gazette médicale de Paris* l'analyste clair et scrupuleusement exact des travaux de l'Allemagne ; ce qu'il a fallu de pénétration d'esprit, de sagacité et de patience pour chercher dans de longs et souvent obscurs mémoires la partie neuve et substantielle, est chose incroyable. Ils ne se doutent pas les lecteurs, qui trouvent facile et claire la substance d'un mémoire écrit dans une langue où les phrases ont souvent une page de longueur ; ils ne se doutent pas de ce que la préparation de cette analyse a exigé de perspicacité et de travail ; ils trouvent commode de se nourrir de cette *mouelle,* comme dit Rabelais, sans s'inquiéter de celui qui a cassé l'os pour la trouver.

C'est par ces analyses que pendant longtemps la France médicale fut instruite de ce qui se publiait d'intéressant et d'utile en Allemagne. Il devenait facile à celui qui désirait de plus amples informations, de les trouver, car les citations étaient rigoureusement exactes, nous avons eu plusieurs fois l'occasion de nous en assurer.

Quand on apprécie l'œuvre scientifique d'un homme, il est intéressant de connaître ses procédés ou plutôt, comme on dit, sa manière de philosopher. Quelle est celle des deux facultés de l'entendement, de l'imagination ou du raisonnement à laquelle il aimait le mieux obéir ? Etait-il disposé à s'élever sur les ailes de la première et à interroger l'hypothèse, « cet ins- « trument merveilleux des découvertes avec lequel l'homme « sonde le côté accessible des problèmes et en soulève de nou- « veaux [1] ; » ou bien pensait-il comme le célèbre chancelier Ba-

---

[1] Paul Bert, *Éloge de Gratiolet.*

con que « ce ne sont pas des ailes qu'il faut attacher à l'esprit
« humain, mais du plomb et des poids pour l'arrêter dans son
« emportement et son vol » (*Non plumæ addendæ sed plumbum
potius et pondera*)[1] et que l'induction était la voie la plus sûre?
Lereboullet a formulé lui-même la réponse à ces questions
dans l'article *Anatomie philosophique* inséré dans le *Dictionnaire encyclopédique des sciences médicales;* elle se trouve tout
entière dans cette définition : « L'anatomie philosophique est
« l'étude de toutes les questions générales que peut soulever la
« comparaison des diverses parties du corps, soit de l'homme,
« soit de l'animal. »

Dans cet article remarquablement écrit, comme tout ce qui
est sorti de sa plume facile et élégante, qui est le fruit de
longues recherches et de savantes méditations, qu'il n'a con-
senti à écrire qu'après de pressantes sollicitations, et parce
qu'il voyait un devoir à remplir, tous les systèmes qui ont
prétendu régenter la science sont passés en revue; il forme
le testament scientifique de Lereboullet et peut être considéré
comme la conclusion philosophique de sa vie scientifique.

Ce sont là aussi ses dernières paroles, car il corrigeait les
épreuves de cet article quand la mort est venue le surprendre,
inopinée et soudaine, au milieu de la plénitude de son activité
scientifique et à l'apogée de sa carrière. Décoré depuis 1855,
doyen de la Faculté des sciences depuis 1861, connu et estimé
en Europe, honoré en France et regardé enfin comme un de
ses plus grands naturalistes, aimé et estimé de tous, honoré
d'amitiés solides dues à la noblesse de son caractère et à ses
qualités affectueuses, Lereboullet avait enfin vu luire des jours
heureux. Après avoir éprouvé le chagrin de perdre plusieurs
enfants, il avait eu la suprême satisfaction de voir ses deux
fils marcher sur ses traces et hériter de toutes ses qualités.
Son cœur de père était réjoui de leurs triomphes, auxquels

---

[1] *Nov. organ.*, II, § 104.

tous les camarades avaient applaudi et auxquels ils applaudissent encore ; il avait été appelé par vos suffrages à l'honneur de vous présider ; il avait plusieurs fois présidé la Société des sciences, agriculture et arts ; il avait, comme directeur de notre Musée, qui fait l'orgueil de la cité, réorganisé cette magnifique collection pour la mettre en rapport avec ses acquisitions journalières ; il avait présidé la Société des sciences naturelles née à l'ombre du Musée ; il était l'homme de bon conseil qu'on consultait avec confiance, car n'ayant jamais suivi dans sa carrière que la *voie directe* de la délicatesse et de l'honneur, il était incapable d'en indiquer une autre, lorsque le 16 octobre il fut frappé soudain d'une attaque d'apoplexie, qui le fit succomber le lendemain.

Sous le coup de l'émotion que produisit cette mort aussi inattendue que cruelle, je dis dans l'adieu suprême qu'en votre nom je lui adressais au bord de la tombe : *dévouement est le mot qui résume toute sa vie ;* en effet, elle fut un sacrifice continuel et complet de sa personne, de son intelligence et de ses affections aux plus nobles instincts, et aux plus nobles devoirs de la science, de la médecine et de la charité.

TITRES ET PUBLICATIONS

DU DOCTEUR LEREBOULLET.

1. Grades universitaires et places occupées.

Bachelier ès lettres, 10 août 1825.

Bachelier ès sciences, 31 octobre 1825.

Docteur en médecine, 29 août 1832.

Licencié ès sciences naturelles, 28 décembre 1837.

Docteur ès sciences naturelles, 4 août 1838.

Professeur de zoologie et de physiologie animale à la Faculté des sciences, 29 septembre 1838.

Officier de l'instruction publique (*de droit alors, comme professeur ou agrégé d'une Faculté*).

Chevalier de la Légion d'Honneur, 31 décembre 1855.

Doyen de la Faculté des sciences, 29 juin 1861.

Interne à l'hôpital civil de Strasbourg, 1831-1836.

Aide-bibliothécaire de la Faculté de médecine de Strasbourg, 1829-1832.

Délégué de l'Intendance sanitaire du Bas-Rhin pour étudier le choléra à Paris, 1832.

Préparateur de zoologie à la Faculté des sciences, 21 mars 1832.

Conservateur des collections à la même Faculté, 31 juillet 1833.

Directeur du Muséum d'histoire naturelle de Strasbourg, 1838.

Chargé du cours d'histoire naturelle au Collége royal de Strasbourg, 25 septembre 1839.

2. Sociétés savantes.

Correspondant du ministère de l'instruction publique pour les travaux historiques.

Secrétaire perpétuel de la Société des sciences naturelles de Strasbourg (1832).

Membre de la Société des sciences, agriculture et arts du Bas-Rhin (1832). — Président (1854-1862).

Membre fondateur et ancien président de la Société de médecine.

Membre du Conseil d'hygiène publique et de salubrité (1851).

Membre honoraire et fondateur de la Société littéraire (1861).

Membre associé ou correspondant des Académies ou Sociétés : de Bruxelles (1833), Gand (1837), Bruges (1839), Turin (1842), de la Société philomatique de Paris (1843), des Sociétés de Mayence (1843), de Metz (1844), de Toulouse (1845), de Fribourg (1847), de l'Académie royale des Curieux de la nature (1847), de la Société des médecins de Suède (1853), de la Société des sciences naturelles de Cherbourg (1844), de la Société impériale et royale des sciences naturelles de l'empire d'Autriche (1855), des Sociétés d'histoire naturelle de Bordeaux, Colmar (1859), Angers (1861).

3. Récompenses académiques.

Mention honorable de la Société des sciences naturelles et médicales de Bruxelles (1833).

Médaille d'or de 700 fr., à titre d'accessit, décernée par l'Académie des sciences dans le concours pour le grand prix des sciences physiques (année 1847).

Prix Portal décerné par l'Académie impériale de médecine (1851).

Récompense de 2000 fr. décernée par l'Académie des sciences (concours pour le grand prix des sciences physiques, 1854).

Grand prix des sciences physiques décerné par l'Académie des sciences (1857).

Première médaille d'or décernée par le ministre de l'instruction publique lors de la première réunion des Sociétés savantes à la Sorbonne (1860).

Grand prix des sciences naturelles (prix Alhumbert) décerné par l'Académie des sciences (1862).

4. Publications.

I. Dissertations.

1. Choléra-morbus observé à Paris et dans le département de la Meuse pendant l'année 1832 (thèse pour le doctorat en médecine, 1832).
2. De l'hérédité dans les maladies (thèse de concours d'agrégation. Strasbourg 1834).
3. Anatomie comparée de l'appareil respiratoire dans les animaux vertébrés (thèse pour le doctorat ès sciences. Strasbourg 1838).
4. Propositions de physiologie végétale (seconde thèse pour le doctorat, 1838).
5. Des mouvements des liquides dans l'organisme humain (thèse de concours pour la chaire de physiologie. Strasbourg 1846).

II. Publications médicales.

6. Mémoire sur le choléra-morbus (couronné par la Société médicale de Bruxelles, 1833).
7. Mémoire sur la phlébite générale (*Archives médicales de Strasbourg*, t. III, p. 161).
8. Notice sur l'épidémie de variole qui a régné à Strasbourg en 1833 (*Ibid.*, 1836, t. IV, p. 63).
9. Mélanges de médecine pratique (*Ibid.*, t. IV, p. 305).
10. Collaboration à la *Gazette médicale de Paris* (depuis 1837).
11. Rapport sur l'épidémie de grippe qui a régné à Strasbourg en 1837 (Strasbourg 1838, in-8°).

12. Observation de péritonite développée sur un caïman, suivie de réflexions sur la possibilité de l'inflammation chez les animaux à sang froid (*Mémoires de l'Académie de Toulouse*, 1845).

13. Note sur le mécanisme des sécrétions (*Gazette médicale de Strasbourg*, 1846, et *Annales des sciences naturelles*, 1847).

14. Article *Anatomie philosophique* du *Dictionnaire encyclopédique des sciences médicales* (1865).

III. Travaux de zoologie et d'anatomie comparée.

15. Notice historique et descriptive du Muséum d'histoire naturelle de Strasbourg (in-8º, 1836).

16. Histoire naturelle des Mammifères (collection de *Maître Pierre*, 1837).

17. Tableaux des ordres, familles et genres des Mammifères (*Mémoires de la Société d'histoire naturelle de Strasbourg;* in-4º, 1837).

18. Mémoire sur la Ligidie de Persoon (*Annales des sciences naturelles*, 2ᵉ série, t. XX, 1840).

19. Essai d'une monographie des organes de la respiration des Crustacés isopodes (en collaboration avec M. Duvernoy. — *Annales des sciences naturelles*, 2ᵉ série, t. XV, 1840).

20. Esquisses zoologiques sur l'homme (*Nouveaux Mémoires des sciences, agriculture et arts du Bas-Rhin;* in-8º, 1842).

21. Notes et renseignements sur les animaux de l'Algérie qui font partie du Musée de Strasbourg (en collaboration avec M. Duvernoy. — *Mémoire de la Société d'histoire naturelle de Strasbourg;* in-4º, 1843).

22. Discours sur l'unité de l'espèce humaine (Congrès scientifique de France, siégeant à Strasbourg; in-8º, 1844).

23. Notes pour servir à l'anatomie du Coïpou (*Mémoires de la Société d'histoire naturelle de Strasbourg;* in-4º, 1845).

24. Observations sur la classification des vers (*Revue zoologique;* in-8º, 1845).

25. Recherches sur la digestion dans les sangsues (*Gazette médicale de Strasbourg*, 1846).

26. Recherches sur l'anatomie des organes génitaux des animaux vertébrés. Mémoire couronné par l'Académie des sciences. (*Nova acta Academiæ natur. curios.*, t. XXIII, pars 1); (in-4°. Bonn 1847).

27. Observations anatomiques et physiologiques (circulation dans les Daphnées, la limnadie. De l'ovaire des Cyprès etc. — *Mémoires de la Société d'histoire naturelle de Strasbourg*, t. IV, liv. 1, 1850).

28. Mémoire sur la structure intime du foie et sur la nature de l'altération connue sous le nom de *foie gras*. Mémoire couronné par l'Académie impériale de médecine et imprimé dans le t. XVII de ses *Mémoires* (in-4°, 1853).

29. Mémoire sur les Crustacés de la famille des Cloportides qui habitent les environs de Strasbourg (*Mémoires de la Société d'histoire naturelle de Strasbourg;* in-4°, 1853).

30. Résumé analytique d'un travail d'embryologie sur le développement de la Perche, du Brochet et de l'Écrevisse (*Annales des sciences naturelles*, 4e série, 1854).

31. Description de deux nouvelles espèces d'Écrevisses (*Mémoires de la Société d'histoire naturelle de Strasbourg*, t. V, liv. 1, 1858).

32. Zoologie du jeune âge ou histoire naturelle des animaux écrite pour la jeunesse (Strasbourg 1860, gr. in-4°, avec planches).

33. Notice sur les travaux scientifiques publiés dans le ressort de l'Académie de Strasbourg pendant l'année 1858 (*Revue des Sociétés savantes*, t. V, p. 91 et 236, 1861).

34. Recherches sur le mode de fixation des œufs aux fausses pattes abdominales dans les Écrevisses (*Annales des sciences naturelles*, 4e série, t. XIV, 1861).

35. Recherches d'embryologie comparée sur le développement du Brochet, de la Perche et de l'Écrevisse. Mémoire couronné par l'Académie des sciences et imprimé dans le *Recueil des savants étrangers*, t. XVII (1862).

36. Recherches d'embryologie comparée sur le développement de la Truite, du Lézard et du Limnée. Mémoire couronné par l'Académie des sciences (*Annales des sciences naturelles*, 4e série, t. XVI et suiv., 1862).

37. Recherches sur les monstruosités du Brochet observées dans l'œuf et sur leur mode de production. Mémoire couronné par l'Académie des sciences (*Annales des sciences naturelles*, 4e série, t. XX, 1863).

38. Nouvelles recherches sur la formation des cellules embryonnaires chez les poissons (*Comptes rendus de l'Académie des sciences*, 1864. — *Annales des sciences naturelles*, 5e série, t. II).

39. De l'origine et du mode de formation des globules sanguins chez les poissons (*Comptes rendus de l'Académie des sciences*, 1864. — *Annales de la Société du département de Maine-et-Loire*, 1864).

40. Recherches sur les métamorphoses et le développement des larves des Baridies (*Mémoires de la Société des sciences naturelles de Strasbourg*. — Imprimé et prêt à paraître. 1866).

41. Description zoologique du département du Bas-Rhin. — (Inachevé. — Sera continué par M. le professeur agrégé Engel).

IV. VARIA.

Rapports annuels à la Société des sciences, agriculture et arts du Bas-Rhin sur les éducations des vers à soie. — Sur une nouvelle maladie du colza etc. (*Mémoires de la Société des sciences, agriculture et arts du Bas-Rhin*). Divers rapports. — Discours. — Notices nécrologiques etc.